江苏省地方标准

大跨径桥梁钢桥面环氧沥青混凝土铺装养护技术规程

Technical specification for maintenance technology of long span bridge steel deck epoxy asphalt concrete pavement

DB 32/T 3292—2017

主编单位：江苏中路工程技术研究院有限公司
江苏润扬大桥发展有限责任公司
批准部门：江苏省质量技术监督局
实施日期：2017 年 08 月 01 日

人民交通出版社股份有限公司

图书在版编目(CIP)数据

大跨径桥梁钢桥面环氧沥青混凝土铺装养护技术规程/江苏省中路工程技术研究院有限公司,江苏润扬大桥发展有限责任公司主编. — 北京:人民交通出版社股份有限公司,2017.9

ISBN 978-7-114-14232-1

Ⅰ. ①大… Ⅱ. ①江… ②江… Ⅲ. ①长跨桥—钢桥—沥青混凝土—桥面铺装—公路养护—技术规范—江苏 Ⅳ. ①U448.36-65

中国版本图书馆 CIP 数据核字(2017)第 236929 号

书　　名:大跨径桥梁钢桥面环氧沥青混凝土铺装养护技术规程
著 作 者:江苏中路工程技术研究院有限公司
江苏润扬大桥发展有限责任公司
责任编辑:李　喆
出版发行:人民交通出版社股份有限公司
地　　址:(100011)北京市朝阳区安定门外外馆斜街 3 号
网　　址:http://www.ccpress.com.cn
销售电话:(010)59757973
总 经 销:人民交通出版社股份有限公司发行部
经　　销:各地新华书店
印　　刷:北京市密东印刷有限公司
开　　本:880×1230　1/16
印　　张:2
字　　数:43 千
版　　次:2017 年 9 月　第 1 版
印　　次:2017 年 9 月　第 1 次印刷
书　　号:ISBN 978-7-114-14232-1
定　　价:25.00
(有印刷、装订质量问题的图书,由本公司负责调换)

中华人民共和国地方标准
备 案 公 告

2017 年第 7 号（总第 211 号）

国家标准化管理委员会依法备案地方标准 451 项，现予以公告（见附件）。

中国国家标准化管理委员会

二〇一七年七月二十四日

附件(部分):

序号	备案号	标准编号	标 准 名 称	代替标准号	批准日期	实施日期	标准主管部门
1	54559—2017	DB 32/T 3290—2017	绿叶菜贮藏保鲜技术规程		2017-07-01	2017-08-01	江苏省质量技术监督局
2	54560—2017	DB 32/T 3291—2017	城市轨道交通接触网系统维护与检修技术规范		2017-07-01	2017-08-01	江苏省质量技术监督局
3	54561—2017	DB 32/T 3292—2017	大跨径桥梁钢桥面环氧沥青混凝土铺装养护技术规程		2017-07-01	2017-08-01	江苏省质量技术监督局

目　　次

前　　言

本标准按《标准化工作导则　第1部分:标准的结构和编写规则》(GB/T 1.1—2009)编写。

本标准由江苏省交通运输厅提出并归口。

本标准起草单位:江苏中路工程技术研究院有限公司、江苏润扬大桥发展有限责任公司。

本标准主要起草人:华斌、张志祥、徐亚林、欧庆保、潘友强、钱立峰、陈李峰、梅宇涛、张辉、章正涛、黄秀梅、马刚、刘捷明、刘连湘、张健。

大跨径桥梁钢桥面环氧沥青混凝土铺装养护技术规程

1 范围

本标准规定了大跨径桥梁钢桥面环氧沥青混凝土铺装养护技术规程的术语和定义、总体要求、检测与评定、预防性养护、裂缝处治、坑槽修补、大中修等。

本标准主要适用于大跨径桥梁钢桥面环氧沥青混凝土铺装的养护工程,其他类型的钢桥面铺装养护工程可参照执行。

2 规范性引用文件

下列文件中的条款通过本标准的引用而成为本标准的条款。凡是注日期的引用文件,仅注日期的版本适用于本标准。凡是不注日期的引用文件,其最新版本适用于本标准。

GB/T 528　硫化橡胶或热塑性橡胶拉伸应力应变性能的测定

GB/T 2794　胶黏剂黏度的测定　单圆筒旋转黏度计法

GB 50661　钢结构焊接规范

GB/T 5210　色漆和清漆拉开法附着力试验

GB/T 8923.1　涂覆涂料前钢材表面处理　表面清洁度的目视评定　第1部分:未涂覆过的钢材表面和全面清除原有涂层后的钢材表面的锈蚀等级和处理等级

GB/T 13288.5　涂覆涂料前钢材表面处理　喷射清理后的钢材表面粗糙度特性　第5部分:表面粗糙度的测定方法　复制带法

GB/T 13477.5　建筑密封材料试验方法　第5部分:表干时间的测定

JTG E20　公路工程沥青及沥青混合料试验规程

JTG F40　公路沥青路面施工技术规范

JTG E42　公路工程集料试验规程

JC/T 1041　混凝土裂缝用环氧树脂灌浆材料

DB 32/T 2284　双组分环氧沥青钢桥面铺装施工技术规范

DB 32/T 2678　复合浇注式沥青钢桥面铺装设计与施工技术规范

3 术语和定义

下列术语和定义适用于本标准。

3.1

钢桥面铺装破损率　damage rate of steel deck pavement(DR)

钢桥面铺装路段内不同类型、程度和范围的损坏的折合面积与路段的铺装总面积的比值。

3.2

钢桥面铺装脱空率　delamination rate of steel deck pavement(PDR)

钢桥面铺装路段内脱空病害的面积与路段的铺装总面积的比值。

3.3

钢桥面铺装裂缝率　crack rate of steel deck pavement(PCR)

钢桥面铺装路段内裂缝病害的折算面积与路段的铺装总面积的比值。

3.4

钢桥面铺装修补率　maintenance rate of steel deck pavement(PMR)

钢桥面铺装路段内修补病害面积与路段总面积的比值。

3.5

钢桥面铺装破损指数　steel deck pavement condition index(SDPCI)

表征钢桥面铺装完好程度的指数。

3.6

钢桥面铺装预防性养护　preventive maintenance of steel deck pavement

对钢桥面铺装的轻微缺陷与病害进行有计划的养护作业，延长铺装使用寿命。

3.7

钢桥面铺装小修保养　minor repairs of steel deck pavement

对钢桥面铺装经常进行维修保养和修补的作业。

3.8

钢桥面铺装大中修　medium and major maintenance of steel deck pavement

对钢桥面铺装的较大损坏进行周期性的综合维修，以达到设计标准。

3.9

冷拌环氧树脂　cold-mixing epoxy resin

常温条件下由环氧树脂和固化剂拌和反应而成的混合物。

3.10

冷拌环氧沥青　cold-mixing epoxy asphalt

常温条件下由环氧树脂、固化剂与沥青拌和反应而成的混合物。

3.11

热拌环氧沥青　high temperature-mixing epoxy asphalt

高温条件下由环氧树脂、固化剂与沥青拌和反应而成的混合物。

3.12

复合型树脂薄层罩面　composite resin thin overlay

有两层或两层以上树脂薄层的罩面。

4　总体要求

4.1　应按照“预防为主，防治结合”的方针，制订年度养护计划和中长期养护规划。

4.2　应按照“分段分析，分类处治”的基本要求，依据铺装性能网格化评定状况，确定采取预防性养护、小修保养或大中修方案。

4.3　宜选择专业化养护队伍，采用机械化、专业化养护措施。

4.4　应遵循国家环境和生态保护、安全生产的相关规定。

4.5　推广应用新材料、新技术、新工艺、新设备。

5　检测与评定

5.1　检测

5.1.1　应采用定期巡查与专项检测相结合的方式进行检测与评定。

5.1.2　钢桥面铺装一般不得采取钻芯取样等破坏性方式进行检测评定。

5.1.3　定期巡查可采用人工检查方式，应至少每月进行1次，高、低温季节和多雨季节等不利季节应适当加大检查频率。

5.1.4　专项检测包括平整度、破损等各类病害类型，可采用多功能车和红外热成像方法进行检测。

5.1.5　当桥面发生火烧、化学物腐蚀等特殊情况时，应及时进行专项检测评定并采取必要的措施。

5.1.6　钢桥面铺装技术状况评定应采取针对性的指标，分段、分区评价，宜采取网格化的精细化评估方法，科学指导养护决策。

5.2　病害类型

5.2.1　纵向裂缝

与行车方向基本平行的裂缝。

轻：缝细、裂缝壁无散落，无支缝或有少量支缝，裂缝宽度在1mm以内，损坏按长度计算，检测结果按影响宽度为0.2m换算成面积。

重：缝宽、裂缝壁有散落、有支缝，主要裂缝宽度大于或等于1mm，损坏按长度计算，检测结果按影响宽度为0.2m换算成面积。

5.2.2　横向裂缝

与行车方向基本垂直的裂缝。

轻：缝细、裂缝壁无散落，无支缝或有少量支缝，裂缝宽度在1mm以内，损坏按长度计算，检测结果按影响宽度为0.2m换算成面积。

重：缝宽、裂缝壁有散落、有支缝，主要裂缝宽度大于或等于1mm，损坏按长度计算，检测结果按影响宽度为0.2m换算成面积。

5.2.3　斜缝

与行车方向成一定角度的裂缝。

轻：缝细、裂缝壁无散落，无支缝或有少量支缝，裂缝宽度在1mm以内，损坏按长度计算，检测结果按影响宽度为0.2m换算成面积。

重：缝宽、裂缝壁有散落、有支缝，主要裂缝宽度大于或等于1mm，损坏按长度计算，检测结果按影响宽度为0.2m换算成面积。

5.2.4　鱼尾纹裂缝

外观呈鱼尾状的裂缝。

轻：面积较小、缝细、无散落，主要裂缝宽度在1mm以内，损坏按面积计算。

重：面积较大、主缝宽、有散落，主要裂缝宽度大于或等于1mm，损坏按面积计算。

5.2.5　放射状裂缝

外观呈放射状的裂缝，损坏按面积计算。

5.2.6　环形裂缝

外观呈环形的裂缝，损坏按面积计算。

5.2.7　网裂

纵横交错呈网状的裂缝，损坏按面积计算。

5.2.8 坑槽

铺装脱落、丢失出现的空洞,损坏按面积计算。

5.2.9 松散

铺装层开裂后,集料散失、脱皮、麻面、露骨,表面剥落,逐渐形成小坑洞,损坏按面积计算。

5.2.10 鼓包

铺装层内部在环境等因素的影响下产生的表面隆起,可采用红外热成像方法检测,损坏按面积计算。

5.2.11 脱层

铺装层与钢板脱离或铺装上下两层脱离,可采用红外热成像方法检测,损坏按面积计算。

5.2.12 层间推移

铺装层之间或铺装层与钢板之间由于黏结性能不足而失去整体性,在行车荷载作用下铺装层产生纵向推移。

5.3 评定

5.3.1 评定方法

钢桥面铺装可按车道进行评定,宜采用网格化方法进行分段、分区精细化评价,宜以 10m ~ 50m 固定长度作为基本评定单元长度。

5.3.2 评定指标

a) 钢桥面铺装破损指数 SDPCI

钢桥面铺装破损状况采用 SDPCI 指数评定,按式(1)、式(2)计算:

$$SDPCI = 100 - a_0 DR^{a_1} \qquad (1)$$

$$DR = 100 \times \frac{\sum_{i=1}^{i=i_0} w_i A_i}{A} \qquad (2)$$

式中:

A_i——第 i 类桥面破损面积(m^2);

A——调查路段内的桥面铺装面积(m^2);

w_i——不同病害类型的权重系数,取值见表 1;

a_0——采用 15.00;

a_1——采用 0.412;

DR——钢桥面铺装破损率。

表 1 大跨径桥梁钢桥面环氧沥青混凝土铺装病害权重系数表

病害类型	分级	权重系数 w_i
纵向裂缝	轻	0.6
	重	1.0

表 1(续)

病害类型	分级	权重系数 w_i
横向裂缝	轻	0.6
	重	1.0
斜缝	轻	0.6
	重	1.0
鱼尾纹裂缝	轻	0.3
	重	0.5
放射状裂缝	—	1.0
环形裂缝	—	1.0
网裂	—	1.0
坑槽	—	1.0
松散	—	1.0
鼓包	—	1.0
脱层	—	1.0
层间推移	—	1.0

b) 钢桥面铺装裂缝率 PCR

钢桥面铺装裂缝状况采用裂缝率 PCR 评定,按式(3)计算:

$$\mathrm{PCR} = 100\% \times \frac{A_C}{A} \quad \cdots\cdots (3)$$

式中:

A_C——调研区域内裂缝病害折算面积(m^2);

A——调研区域面积(m^2)。

c) 钢桥面铺装脱空率 PDR

钢桥面铺装脱空状况采用脱空率 PDR 评定,按式(4)计算:

$$\mathrm{PDR} = 100\% \times \frac{A_{ab}}{A} \quad \cdots\cdots (4)$$

式中:

A_{ab}——调研区域内脱空铺装面积(m^2);

A——调研区域面积(m^2)。

5.3.3 评定结果

a) 破损状况评定

分为优、良、中、次、差,5 个等级,具体指标见表 2。

表2 破损状况评级

破 损 状 况	评 价 等 级
SDPCI≥90	优
80≤SDPCI<90	良
70≤SDPCI<80	中
60≤SDPCI<70	次
SDPCI<60	差

b) 裂缝状况评定

分为优、良、中、次、差,5个等级,具体指标见表3。

表3 裂缝状况评价评级

裂缝率 PCR/%	评 价 等 级
0≤PCR<0.5	优
0.5≤PCR<1	良
1≤PCR<1.5	中
1.5≤PCR<2	次
PCR≥2	差

c) 脱空状况评定

分为优、良、中、次、差,5个等级,具体指标见表4。

表4 脱空状况评级

脱空率 PDR/%	评 价 等 级
0≤PDR<1	优
1≤PDR<2	良
2≤PDR<3	中
3≤PDR<4	次
PDR≥4	差

6 预防性养护

6.1 基本要求

6.1.1 应及时进行预防性养护。

6.1.2 预防性养护段落养护前应经过检验评定,保证原铺装强度满足设计要求。

6.1.3 应兼顾结构增强和功能提升,宜采用复合型树脂薄层罩面(resin-surfacing,简称树脂罩面)等进行预防性养护,并进行必要的检测和试验段,复合型树脂薄层罩面结构见图1。

6.2 材料要求

6.2.1 下层高渗透性树脂质量应符合表5的技术要求;上层纤维增强型树脂质量应符合表6的技术要

求。树脂材料应存放于干燥、阴凉处，避免阳光直接照射。

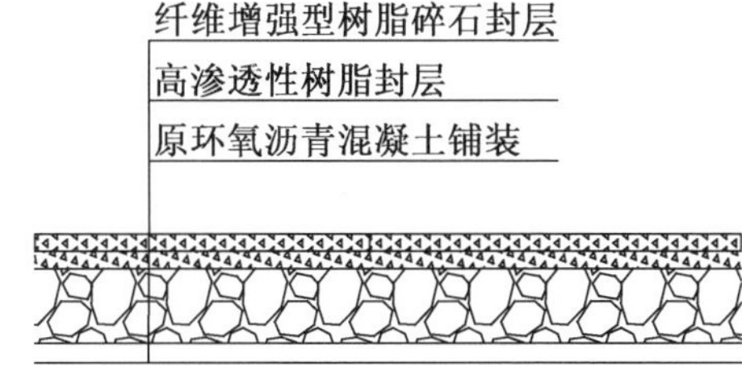

图1　复合型树脂薄层罩面

注：原铺装表面抛丸后形成洁净的表面，树脂罩面下层采用高渗透性树脂可以对铺装的空隙、裂纹、裂缝进行封闭修复，恢复铺装强度，提高铺装使用性能；树脂罩面上层采用纤维增强型树脂则起到封层防水、抗老化作用，表面撒布3mm～5mm碎石可以提高抗滑性能，从而提高行车安全和舒适性。

表5　下层高渗透性树脂技术指标要求

检测项目	单位	技术要求	试验方法
黏度(23℃)	Pa·s	≤1	JTG E20,T 0625
可操作时间	min	≥30	JC/T 1041
固化时间(23℃)	h	≤8	GB/T 5210
渗透性(23℃)	mm	≥15	附录A
拉伸强度(23℃)	MPa	≥15	GB/T 528
断裂延伸率(23℃)	%	≥10	GB/T 528

表6　上层纤维增强型树脂技术指标要求

检测项目	单位	技术要求	试验方法
可操作时间	min	≥30	JC/T 1041
固化时间(23℃)	h	≤8	GB/T 5210
拉伸强度(23℃)	MPa	≥10	GB/T 528
断裂延伸率(23℃)	%	≥20	GB/T 528
拉拔强度(与铺装层)	MPa	≥3	GB/T 5210

6.2.2　应选用干燥、洁净、坚硬的碎石，质量应符合表7的技术要求。

表7　树脂罩面用碎石技术指标要求

检测项目		单位	技术要求	试验方法
表观相对密度		—	≥2.65	JTG E42,T 0328
含水率		%	≤0.5	JTG E42,T 0332
棱角性(流动时间)		s	≥30	JTG E42,T 0345
粒度范围	<4.75mm	%	100	JTG E42,T 0327
	<2.36mm	%	30～50	JTG E42,T 0327
	<0.06mm	%	0～3	JTG E42,T 0327

6.3 施工

6.3.1 应在天气适宜情况下进行施工,当气温低于10℃或路面潮湿时,不得施工。

6.3.2 施工前应对原铺装表面进行抛丸处理,确保铺装层表面干燥、洁净。

6.3.3 施工前对铺装层裂缝、坑槽等病害进行处治后方可施工罩面层。

6.3.4 树脂可采用人工或机械洒布,涂布量应根据试验确定。下层高渗透性树脂涂布量宜为 $0.5kg/m^2$ ~ $0.7kg/m^2$,上层纤维增强型树脂涂布量宜为 $1.0kg/m^2$ ~ $1.2kg/m^2$。

6.3.5 上层纤维增强型树脂涂布过程中,应同步均匀撒布3mm～5mm碎石,撒布量宜为 $3.0kg/m^2$ ~ $5.0kg/m^2$。

6.3.6 一般上下层施工间隔时间为3h～5h。

6.3.7 树脂罩面施工并养生完成后,方可开放交通。

6.4 质量检验

6.4.1 原材料应按批次进行检验,符合技术要求后方可使用。

6.4.2 树脂罩面外观应平整、均匀,碎石无堆积、无松散。

6.4.3 树脂罩面检查验收要求见表8。

表8 树脂罩面检查验收要求

检测项目	检查频度	质量要求或允许偏差	检测方法
树脂外观	随时	均匀一致,无气泡、异物	目视
树脂涂布量	每2 000m^2测3点,或每一施工段不少于3点	±$0.1kg/m^2$	单位面积称重
拉拔强度	每2 000m^2测3点,或每一施工段不少于3点	≥3MPa	GB/T 5210
集料撒布	随时	均匀一致,满布率95%以上	目视
摆式摩擦系数	每200m测1处,或每一施工段不少于1处	≥60BPN	摆式仪

7 裂缝处治

7.1 基本要求

7.1.1 铺装出现裂缝病害,应及时进行修复。

7.1.2 当采用灌缝方法处治时,通过试验论证可选用环氧树脂、环氧沥青、甲基丙烯酸甲酯树脂等。

7.1.3 裂缝处治宜当日养护当日开放交通,应采用施工简单、快速固化型灌缝材料,缩短养护作业时间。

7.2 材料要求

7.2.1 所用材料应进行试验,不符合要求的,不得使用。

7.2.2 当采用环氧树脂灌缝材料时,技术指标要求见表9。

表 9　环氧树脂灌缝材料技术指标要求

检测项目	单　位	技术要求	试验方法
黏度(23℃)	Pa·s	≤1	JTG E20,T 0625
可操作时间	min	≥30	JC/T 1041
固化时间(23℃)	h	≤8	GB/T 5210
渗透性(23℃)	mm	≥15	附录 A
拉伸强度(23℃)	MPa	≥15	GB/T 528
断裂延伸率(23℃)	%	≥10	GB/T 528

7.2.3　当采用环氧沥青灌缝材料时,材料技术指标应满足 DB 32/T 2284 对环氧沥青胶结料的要求。

7.3　施工

7.3.1　宜在天气适宜情况下进行施工,不得雨天施工。

7.3.2　对表面层裂缝,根据病害轻重,可采用直接灌缝、压浆灌缝、开槽灌缝等工艺。

7.3.3　对放射状、环形裂缝、鼓包等病害,应采用压浆工艺。

7.3.4　灌缝前应对裂缝内杂物采取措施进行清理。

7.3.5　裂缝处治完成后应确保裂缝被饱满封闭,表面可撒布细集料做防滑处理。

7.3.6　裂缝处治并养生完成后,方可开放交通。

7.4　质量检验

7.4.1　灌缝材料应按批次进行检验,应符合技术要求。

7.4.2　灌缝应饱满封闭裂缝并与桥面基本齐平或略高于桥面。

8　坑槽修补

8.1　基本要求

8.1.1　钢桥面铺装出现坑槽后,应选择适宜天气进行修复。

8.1.2　可采用环氧沥青、环氧树脂混凝土等环氧类材料进行修补,材料性能应不低于原铺装技术要求。

8.1.3　坑槽修补宜当日养护当日开放交通。

8.1.4　当坑槽破坏发生至钢板时,应对钢板进行除锈处理,并施工防水黏结层后方可回填混合料。

8.1.5　坑槽修补表面宜进行防滑处理。

8.2　材料要求

8.2.1　总体要求

坑槽修补所用所有材料都必须进行试验,不符合要求的,不得使用。

8.2.2　集料、填料

a)　坑槽修补用集料和填料应满足 JTG F40 相关要求。

b)　采用热拌环氧沥青混合料进行坑槽修补时,应满足 DB 32/T 2284 相关要求。

8.2.3 防水黏结层及黏结层

a) 当坑槽破损仅发生至上面层时，将上面层铺装清理完毕后，应在表面重新涂布黏结层。当坑槽病害发展至钢板时，对钢板进行除锈处理后，应重新涂布防水黏结层。

b) 当采用热拌环氧沥青混凝土进行修复时，宜采用环氧沥青防水黏结层和黏结层，技术指标应满足 DB 32/T 2284 相关要求。

c) 当采用冷拌环氧树脂混凝土进行坑槽修补时，宜采用环氧树脂碎石防水黏结层和环氧树脂黏结层，环氧树脂和碎石技术指标要求分别见表 10 和表 11。

表 10 环氧树脂黏结料技术指标要求

检测项目	单位	技术指标要求	试验方法
固化时间(23℃)	h	≤8	GB/T 5210
拉拔强度(23℃)	MPa	≥8	GB/T 5210
拉拔强度(70℃)	MPa	≥3	GB/T 5210
断裂延伸率(23℃)	%	≥10	GB/T 528

表 11 撒布碎石技术指标要求

检测项目	单位	技术要求	试验方法
表观相对密度	—	≥2.60	JTG E42,T 0328
坚固性(>0.3mm 部分)	%	≤12	JTG E42,T 0340
砂当量	%	≥60	JTG E42,T 0334
棱角性(流动时间)	S	≥30	JTG E42,T 0345
小于 0.075mm 的含量(水洗法)	%	≤1	JTG E42,T 0333
吸水率	%	≤2.0	JTG E42,T 0330
含水率	%	≤0.5	JTG E42,T 0332

8.2.4 胶结料

a) 当采用热拌环氧沥青混凝土进行修复时，环氧沥青胶结料技术指标满足 DB 32/T 2284 相关要求。

b) 当采用冷拌环氧树脂混凝土进行修复时，冷拌环氧树脂胶结料技术指标要求见表 12。

表 12 冷拌环氧树脂胶结料技术指标要求

检测项目	单位	技术要求	试验方法
固化时间(23℃)	h	≤8	GB/T 5210
拉伸强度(23℃)	MPa	≥2.0	GB/T 528
断裂延伸率(23℃)	%	≥200	GB/T 528

8.2.5 混合料

a) 级配

采用马歇尔方法进行配合比设计，级配宜采用细粒式或中粒式，具体要求见表13。

表13 级配范围

级配类型	通过下列筛孔(mm)的质量百分率(%)								
	13.2	9.5	4.75	2.36	1.18	0.6	0.3	0.15	0.075
细粒式	—	100	90~100	55~72	35~55	25~43	16~30	12~22	8~16
中粒式	100	95~100	65~85	50~70	—	28~40	—	—	7~14

b) 性能要求

热拌环氧沥青和冷拌环氧树脂混合料性能技术要求均应满足表14的要求。

表14 坑槽修补混合料技术指标要求

检测项目	单位	技术要求	试验方法
空隙率	%	≤3.0	JTG E20,T 0705
稳定度(60℃)	kN	≥40	JTG E20,T 0709
流值	0.1mm	≥20	JTG E20,T 0709
残留稳定度	%	≥85	JTG E20,T 0709
冻融劈裂强度比	%	≥80	JTG E20,T 0729
动稳定度(60℃)	次/mm	≥6000	JTG E20,T 0719
低温极限破坏应变(-10℃)	με	≥3000	JTG E20,T 0715

8.2.6 接缝处理材料

新老铺装接缝宜采用高弹界面剂或高弹接缝条处理，高弹界面剂技术指标要求见表15，高弹接缝条应满足DB 32/T 2678中接缝材料的要求。

表15 高弹界面剂技术指标要求

检测项目	单位	技术要求	试验方法
拉伸强度(23℃)	MPa	≥0.5	GB/T 528
断裂延伸率(23℃)	%	≥500	GB/T 528

8.2.7 为提高坑槽修补表面抗滑性能，宜采用树脂罩面做防滑处理。

8.3 施工

8.3.1 基本要求

修补宜按照“圆洞方补、斜洞正补”的原则进行。

8.3.2 设备要求

坑槽修补机械应配备切割机、磨光机、风镐、小型拌和机和碾压设备等。

8.3.3 技术要求

a) 钢板可采用机械打磨方式,要求清洁度达到St3.0。
b) 钢板打磨除锈后应立即施工环氧树脂碎石防水黏结层,环氧树脂涂布量宜为1.0kg/m^2 ~ 1.2kg/m^2,碎石撒布率宜为满布的70% ~80%。
c) 混合料填补前,应在接缝四壁施工高弹接缝条或高弹界面剂。
d) 根据环境条件确定材料养生时间,必要时采取加热措施加速固化。
e) 混合料拌和宜采用机械拌和,确保拌和均匀、无花白料。
f) 混合料可采用平板振动夯或小型手持式压路机进行碾压,保证密实、平整。
g) 树脂防滑罩面可紧跟混合料碾压后进行。
h) 修复材料养生完成后,方可开放交通。根据环境气候条件,养生时间宜为6h ~8h。

8.4 质量检验

8.4.1 坑槽修补材料应按批次进行检验,符合技术要求。
8.4.2 坑槽修补表面应平整密实、粗糙,无泛油和离析现象。
8.4.3 新旧铺装宜无高差或新铺装略高于原铺装3mm以内。

9 大中修

9.1 基本要求

9.1.1 钢桥面铺装出现较大损坏时,应及时进行大中修。
9.1.2 应制订有针对性的方案,编制详细的维修计划,选择适宜季节进行施工。
9.1.3 宜采用分车道养护方式,并根据交通量采用不同养护方案。
9.1.4 温度低于10℃、有雾、雨天或风速>10m/s的天气,不得进行施工。
9.1.5 钢桥面铺装大中修不得采用钢轮振动碾压方式进行压实,宜采用振荡压路机、胶轮压路机、钢轮压路机静压等组合方式。
9.1.6 钢桥面铺装大中修前宜进行试验段,确定适宜的施工机械及其组合方式,以及相应工艺。

9.2 方案设计

9.2.1 上面层铣刨重铺

当下层铺装基本完好而上层铺装破损程度较重时,宜仅对上层铺装进行铣刨重铺,可选择冷拌环氧沥青混凝土、热拌环氧沥青混凝土、高弹改性沥青混凝土等,上层铣刨重铺结构示意图见图2。

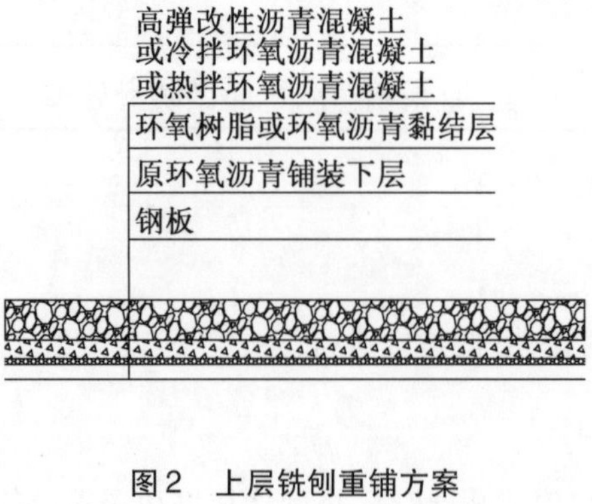

图2 上层铣刨重铺方案

9.2.2 全厚式铣刨重铺

a) 当上、下两层铺装均出现较为严重的损坏时,宜采用全厚式处治方案对破损部位铺装进行处治,可采用双层铺装结构或单层铺装结构进行修复,双层结构见图3,单层结构见图4。

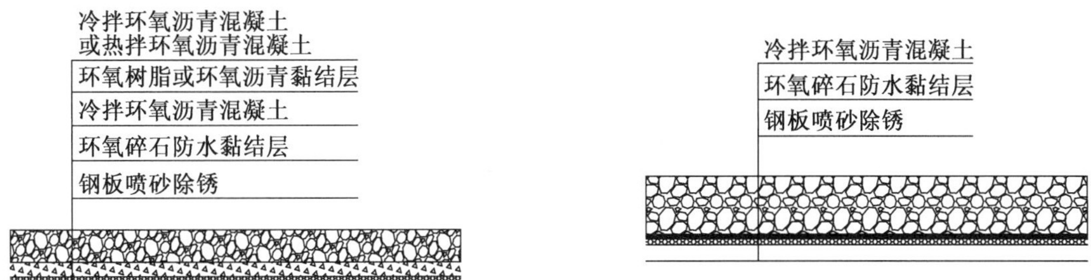

图3 方案一全厚式双层处治方案

图4 方案二全厚式单层处治方案

b) 采用双层铺装结构时,铺装下层宜采用冷拌环氧沥青混凝土,铺装上层可采用冷拌环氧沥青混凝土、热拌环氧沥青混凝土、高弹改性沥青混凝土。

9.3 材料要求

9.3.1 基本要求

所用材料应进行试验,不符合要求的,不得使用。

9.3.2 集料、填料

a) 所用集料、填料应满足 JTG F40 相关要求。

b) 热拌环氧沥青混合料用集料、填料应满足 DB 32/T 2284 相关要求。

c) 高弹改性沥青混合料用集料、填料应满足 DB 32/T 2678 相关要求。

9.3.3 防水黏结层及黏结层

a) 防水黏结层

当进行全厚式铣刨重铺时,钢桥面板与铺装层之间应设置防水黏结层,宜采用环氧碎石防水黏结层,技术指标要求见表16。

表16 环氧树脂防水黏结料技术指标要求

检测项目	单位	技术指标	试验方法
指干时间(23℃)	h	≤10	GB/T 13477.5
固化时间(23℃)	h	≤72	GB/T 5210
拉拔强度(23℃)	MPa	≥8	GB/T 5210
拉拔强度(70℃)	MPa	≥3	GB/T 5210
拉伸强度(23℃)	MPa	≥10	GB/T 528
断裂延伸率(23℃)	%	≥10	GB/T 528

b) 黏结层

黏结层应符合以下要求:

a. 当上层采用高弹改性沥青、热拌环氧沥青铺装时,黏结层宜采用两阶段环氧树脂,技术指标要求见表17。

b. 当上层采用冷拌环氧沥青铺装时,黏结层宜采用环氧树脂黏结层,技术指标要求见表19。

表17 两阶段环氧树脂黏结层技术指标要求

检测项目	单位	技术指标	试验方法
拉伸强度(23℃)	MPa	≥2	GB/T 528
断裂延伸率(23℃)	%	≥100	GB/T 528

9.3.4 胶结料

a) 高弹改性沥青技术指标要求见表18。

表18 高弹改性沥青胶结料技术指标要求

检测项目		单位	技术要求	试验方法
针入度(25℃)		0.1mm	30~60	JTG E20,T 0604
软化点(环球法)		℃	≥85	JTG E20,T 0606
延度(5℃,5cm/min)		cm	≥50	JTG E20,T 0605
弹性恢复(25℃)		%	≥95	JTG E20,T 0662
60℃黏度		Pa·s	≥10 000	JTG E20,T 0625
闪点		℃	≥230	JTG E20,T 0611
RTFOT(163℃)	质量损失	%	≤1.0	JTG E20,T 0610
	针入度比	%	≥65	JTG E20,T 0604
	弹性恢复	%	≥85	JTG E20,T 0662
	延度(5℃)	cm	≥10	JTG E20,T 0605

b) 冷拌环氧沥青技术指标要求见表19。

表19 冷拌环氧沥青胶结料技术指标要求

检测项目	单位	技术要求	试验方法
质量比	—	按设计要求	称重
拉伸强度(23℃)	MPa	≥2.0	GB/T 528
断裂延伸率(23℃)	%	≥185	GB/T 528

c) 热拌环氧沥青技术指标要求见表20。

表20 热拌环氧沥青胶结料技术指标要求

检测项目	单位	技术要求	试验方法
质量比	—	按设计要求	称重
拉伸强度(23℃)	MPa	≥2.0	GB/T 528
断裂延伸率(23℃)	%	≥185	GB/T 528

9.3.5 混合料

a） 级配

级配应符合以下要求：

a. 高弹改性沥青混合料采用马歇尔方法进行配合比设计，级配要求可参照 JTG F40 采用 SMA 型断级配，也可参照 DB 32/T 2678 级配范围要求。

b. 热拌环氧沥青混合料采用马歇尔方法进行配合比设计，级配要求可参照 DB 32/T 2284。

c. 冷拌环氧沥青混合料采用马歇尔方法进行配合比设计，级配要求根据所用层位进行区别设计。当作为下面层时，宜采用细粒式级配，当采用全厚式单层结构时，宜采用中粒式级配，见表 21。

表 21 冷拌环氧沥青混合料推荐级配范围

级配类型	通过下列筛孔（mm）的质量百分率（%）									
	16	13.2	9.5	4.75	2.36	1.18	0.6	0.3	0.15	0.075
细粒式	—	—	100	90 ~ 100	55 ~ 72	35 ~ 55	25 ~ 43	16 ~ 30	12 ~ 22	8 ~ 16
中粒式	100	90 ~ 100	68 ~ 85	38 ~ 68	24 ~ 50	15 ~ 38	10 ~ 28	7 ~ 20	5 ~ 15	4 ~ 12

b） 性能要求

a. 高弹改性沥青混合料技术指标要求见表 22。

表 22 高弹改性沥青混合料技术指标要求

检测项目	单位	技术要求	试验方法
空隙率	%	3 ~ 4.5	JTG E20，T 0709
饱和度	%	75 ~ 85	JTG E20，T 0709
稳定度（60℃）	kN	≥8.0	JTG E20，T 0709
流值	0.1mm	20 ~ 50	JTG E20，T 0709
残留稳定度	%	≥85	JTG E20，T 0709
冻融劈裂强度比	%	≥80	JTG E20，T 0729
谢伦堡沥青析漏试验的结合料损失	%	≤0.1	JTG E20，T 0732
肯塔堡飞散试验的混合料损失	%	≤15	JTG E20，T 0733
动稳定度（60℃）	次/mm	≥5 500	JTG E20，T 0719
低温极限破坏应变（-10℃）	με	≥2 800	JTG E20，T 0715

b. 冷拌环氧沥青混合料技术指标要求见表 23。

表 23 冷拌环氧沥青混合料的技术指标要求

检测项目	单位	技术要求	试验方法
空隙率	%	≤3.0	JTG E20，T 0705
稳定度（60℃）	kN	≥40	JTG E20，T 0709
流值	0.1mm	≥20	JTG E20，T 0709
残留稳定度	%	≥85	JTG E20，T 0709

表23(续)

检测项目	单位	技术要求	试验方法
冻融劈裂强度比	%	≥80	JTG E20,T 0729
动稳定度(60℃)	次/mm	≥6 000	JTG E20,T 0719
低温极限破坏应变(-10℃)	με	≥3 000	JTG E20,T 0715

c. 热拌环氧沥青混合料技术指标要求见表24。

表24 热拌环氧沥青混合料技术指标要求

检测项目	单位	技术要求	试验方法
空隙率	%	≤3.0	JTG E20,T 0705
稳定度(60℃)	kN	≥40	JTG E20,T 0709
流值	0.1mm	≥20	JTG E20,T 0709
残留稳定度	%	≥85	JTG E20,T 0709
冻融劈裂强度比	%	≥80	JTG E20,T 0729
动稳定度(60℃)	次/mm	≥6 000	JTG E20,T 0719
低温极限破坏应变(-10℃)	με	≥3 000	JTG E20,T 0715

9.4 施工

9.4.1 铺装层清除

a) 上面层清除

上面层清除应符合以下要求:

a. 当进行上面层置换时,应采用铣刨方式清除上面层铺装。

b. 严格控制铣刨深度,应按略大于上面层厚度进行铣刨,不得留有夹层。

c. 铣刨后,发现下层铺装有病害时,进行处理后方可施工下道工序。

b) 全厚式清除

全厚式清除应符合以下要求:

a. 全厚式铺装层清除可采取铣刨、机械挖除、人工凿除等方式。

b. 当养护面积较大时,宜采用铣刨和机械挖除的组合方式。

c. 不得直接铣刨至钢板,宜至少保留1.5cm厚原桥面铺装厚度。若施工过程中造成钢板损伤,应参照GB 50661进行修复。

d. 当采用人工大面积凿除方式时,不得损伤钢板。

9.4.2 钢板除锈

a) 采用全厚式方案时,原铺装混凝土清理后,应对钢板进行除锈。

b) 宜采用真空无尘打砂的方法进行除锈处理,对喷砂机难以处理的边角位置可采用动力工具、手提式真空喷砂机等进行处理。

c) 喷砂除锈后钢板清洁度应达到Sa2.5级以上,粗糙度应达到Rz60μm ~100μm;机械打磨后钢板清洁度应达到St3.0级。

9.4.3 防水黏结层及黏结层

a） 环氧树脂碎石防水黏结层

环氧树脂碎石防水黏结层应符合以下要求：

a. 钢板除锈结束后，应在4h以内尽早进行环氧树脂碎石防水层施工。

b. 环氧树脂可采用机械洒布或人工涂布，涂布量宜为1.0kg/m^2 ~1.2kg/m^2，碎石撒布率宜为满布的70% ~80%，养生达到设计强度后方可施工上层。

b） 两阶段环氧树脂黏结层

两阶段环氧树脂黏结层应符合以下要求：

a. 可采用机械洒布或人工涂布，用量宜为0.8 kg/m^2 ±0.1kg/m^2，养生达到设计强度后方可施工上层。

b. 施工黏结层前，应采取措施确保界面洁净、干燥。

9.4.4 高弹改性沥青铺装层施工

a） 高弹改性沥青混合料施工可参照JTG F40、DB 32/T 2678。

b） 拌和参数由试拌确定，宜适当提高施工温度，确保混合料出厂温度，必要时可通过试验论证适量掺加降低改性沥青高温黏度的改性剂。

c） 碾压工艺可根据试验段确定，按初压、复压、终压三个阶段进行，宜采用轮胎压路机或振荡压路机进行复压，不得振动碾压。

d） 选用可靠的隔离材料防止混合料粘轮，不得使用柴油、机油，宜采用植物油或专用隔离剂。

e） 高弹改性沥青混合料压实完成后，应封闭交通养生，禁止车辆驶入。路表温度接近环境温度时，方可开放交通。

9.4.5 冷拌环氧沥青铺装施工

a） 拌和

拌和应符合以下要求：

a. 应采用专用拌和机，拌和机具备自动称重计量功能，施工前拌锅及料仓应做好防潮防雨措施。

b. 生产前应进行试拌，干拌时间宜控制在5s~10s，湿拌时间不少于60s，以混合料均匀、无花白料为准。

b） 运输

运输应符合以下要求：

a. 运料车的车厢底部应涂刷隔离剂，且厢底不得有积液。

b. 运料车内必须保持干燥、洁净，运输过程中宜采取篷布覆盖。

c. 应优选运输路线，确保可施工时间，混合料生产后超过2h未被使用的，应予以废弃。

c） 摊铺

摊铺应符合以下要求：

a. 采用沥青路面摊铺机摊铺，熨平板不得加热，混合料拌和完毕后尽快卸料、摊铺并完成碾压。

b. 摊铺机运行速度宜控制在1m/min~3m/min，不得随意变换摊铺速度或中途停顿。

d） 碾压

碾压应符合以下要求：

a. 碾压应按初压、复压、终压三个阶段进行，应遵循紧跟、慢压的原则，不得开启振动压实。初压宜采用钢轮压路机碾压1~2遍，复压宜采用轮胎压路机碾压5~6遍，终压宜采用钢轮压路机碾压1~2遍。

b. 发现结团料或死料等应及时清除，并及时用新料填补、压实。

c. 不得使用柴油、机油等作为压路机隔离剂，宜采用植物油或专用隔离剂。

d. 严禁将压路机或其他车辆停放于已碾压成型的冷拌环氧沥青铺装层上，不得有矿料、油料、杂物散落在铺装面层上。

e. 对压路机碾压上不到的地方应及时采用小型压路机具进行碾压。

e） 养生

养生应符合以下要求：

a. 冷拌环氧沥青混凝土铺装施工完毕后，要进行自然养生，一般为 2d ~ 3d。

b. 养护期间作业区内严禁车辆通行，严禁堆放重物。

c. 养护期应根据环境温度、现场随桥养生的马歇尔试件试验确定。

9.4.6 热拌环氧沥青混合料

a） 拌和

拌和应符合以下要求：

a. 应采用间歇式拌和楼生产，拌和楼各项参数应满足 JTG F40 相关要求。

b. 环氧树脂添加可采用人工直投，或者对拌和楼进行改造，采用机械自动添加；环氧树脂的投入应在向拌和楼中喷洒沥青时同时进行。

c. 热拌环氧沥青混合料拌和工艺应通过试拌确定。

b） 运输

运输应符合以下要求：

a. 宜采用自卸汽车，根据拌和生产能力、运距确定运输车的数量。

b. 应优选运输路线，确保可施工时间，混合料生产后超过可施工时间未被使用的，应予以废弃。可施工时间根据材料供应商推荐或者室内模拟实验确定。

c. 运料车装料前应清洗干净，车厢底部与周壁应涂刷隔离剂。

d. 运输过程中应加盖防雨篷布，覆盖保温。

c） 摊铺

摊铺应符合以下要求：

a. 摊铺前熨平板的预热温度不得低于 100℃。

b. 摊铺过程中应保证摊铺机连续摊铺，摊铺机的运行速度不宜超过 3m/min ~ 4m/min，摊铺遇雨时应立即停止施工。

c. 确保混合料在可施工时间范围内完成摊铺、碾压。

d） 碾压

碾压应符合以下要求：

a. 碾压工艺应根据试验段确定。宜采用钢轮压路机碾压 1 ~ 2 遍，复压宜采用轮胎压路机碾压 3 ~ 4 遍，终压宜采用钢轮压路机碾压 1 ~ 2 遍。

b. 选用可靠的隔离材料防止混合料粘轮，禁止使用柴油、机油。

c. 初压、复压、终压的温度范围依据材料供应商要求或者依据试验段确定的方案执行。

e） 养生

养生应符合以下要求：

a. 施工完毕后，应进行自然养生，达到固化要求后方可开放交通。

b. 养护期应根据材料强度增长特性及环境温度综合判定，也可参照现场随桥养生的马歇尔试件试验确定，马歇尔稳定度不低于 30kN 方可开放交通。

9.5 质量检验

9.5.1 施工质量验评标准见表 25。

表 25 施工过程质量检验

检 测 项 目		检 查 频 度	规定值或允许偏差		检 查 方 法
喷砂除锈	清洁度	6 点/1 000m², 每个段落不少于 3 点	Sa2.5		图谱对照、比较法
	粗糙度		60μm ~100μm		粗糙度仪
环氧树脂碎石防水黏结层	胶料涂布量	6 点/1 000m², 每个段落不少于 3 点	±0.1kg/m²		单位面积称重法
	碎石撒布量		满布的 70% ~80%		目视
	拉拔强度		≥8MPa		拉拔试验
	外观	随时	均匀一致,无气泡、异物		目视
冷拌环氧沥青混凝土	油石比	当天施工结束后	±0.1%		总量检验
	空隙率	2 次/台班	≤3%		马歇尔试验
	稳定度(60℃)		≥40kN		
	流值(60℃)		≥20(0.1mm)		
热拌环氧沥青混凝土	油石比	2 次/台班	±0.3%		抽提筛分
	级配		≥4.75mm	±4%	
			≤2.36mm	±3%	
			0.075mm	±2%	
	空隙率	2 次/台班	≤3%		马歇尔试验
	稳定度(60℃)		≥40kN		马歇尔试验
	流值(60℃)		≥20(0.1mm)		
高弹改性沥青混凝土	油石比	2 次/台班	±0.3%		抽提筛分
	级配		≥4.75mm	±4%	
			≤2.36mm	±3%	
			0.075mm	±2%	
	空隙率	2 次/台班	3% ~4.5%		马歇尔试验
	稳定度(60℃)		≥8kN		
	流值(60℃)		20 ~50(0.1mm)		

9.5.2 交工验收标准见表 26。

表 26 交工验收标准

检 测 项 目	检查方法与频率	质量要求或允许偏差
外观	目视,所有维修段落	均匀一致,平整密实
摩擦系数	摆式仪,每 200m 测 1 处,或每一施工段不少于 3 处	≥56BPN
渗水系数	渗水仪,每 200m 测 1 处,或每一施工段不少于 3 处	不渗水

表 26(续)

检 测 项 目	检查方法与频率	质量要求或允许偏差
接缝密实性	渗水仪,每200m 测1处,或每一施工段不少于3处	不渗水
平整度	3m 直尺,每100m 连续测10尺	最大间隙≤3mm
	平整度仪,全桥每车道连续检测,每100m 计算 IRI 和 σ	IRI≤2.5m/km
		σ≤1.5mm
平均厚度	按实际用量推算	0mm, +3mm
压实度	无核密度仪,按碾压吨位及遍数复核	—
横坡	水准仪:每200m 测4个断面	±0.3%

附 录 A

（规范性附录）

渗透性试验方法

A.1 基本要求

A.1.1 本方法适用于树脂类材料在室内和现场评估材料渗透性。

A.1.2 渗透性试验应在常温条件下进行。

A.2 试验设备

A.2.1 量杯

容积250mL、截面面积3 056mm^{2}的标准装砂容器。

A.2.2 电子天平

感量0.01g、最大量程2kg的可调节水平的称重设备。

A.2.3 标准砂

0.3mm～0.6mm单粒径的ISO标准砂。

A.3 试验步骤

A.3.1 试验准备

试验准备应符合以下要求：

a） 将装砂容器的四壁以及底部涂一层较薄的石蜡。

b） 称取280g标准砂装入容器中，轻轻弹实，保证容器内砂样水平，高度在54mm±0.5mm。

c） 按照比例配制80g树脂材料。

A.3.2 试验过程

试验过程应符合以下要求：

a） 在距离量杯口3cm高度处，向砂样中心缓缓倒入80g树脂材料。

b） 常温静置8h后，除去容器，轻轻刷去并收集未凝结的标准砂，采用天平称量未凝结砂样质量M，精确到0.01g。

c） 平行试验不少于3次，当平行试验结果与其平均值误差不超过15%时，取其平均值作为试验结果；否则应重新试验。

A.4 数据处理

采用渗透深度H表示，以试验平均值作为最终试验评价结果，单位为毫米（mm）。

$$H = 54 - \frac{M}{S\rho} \qquad \text{(A.1)}$$

式中：

M——未凝结砂样质量（g）；

S——容器的截面面积,3 056mm^2;

ρ——砂样的堆积密度,实测。